**DEBUT D'UNE SERIE DE DOCUMENTS
EN COULEUR**

NOTICE

SUR LA

MÈRE ADMIRABLE

DE BOUQUET

C'est thésauriser que d'honorer sa mère
Eccl. 3. 5.

Prix : 10 c. au profit de l'œuvre

QUATRIÈME ÉDITION

A. M. M. G.

DÉPOT A PARIS

Chez Douniol, rue de Tournon, 29

1864

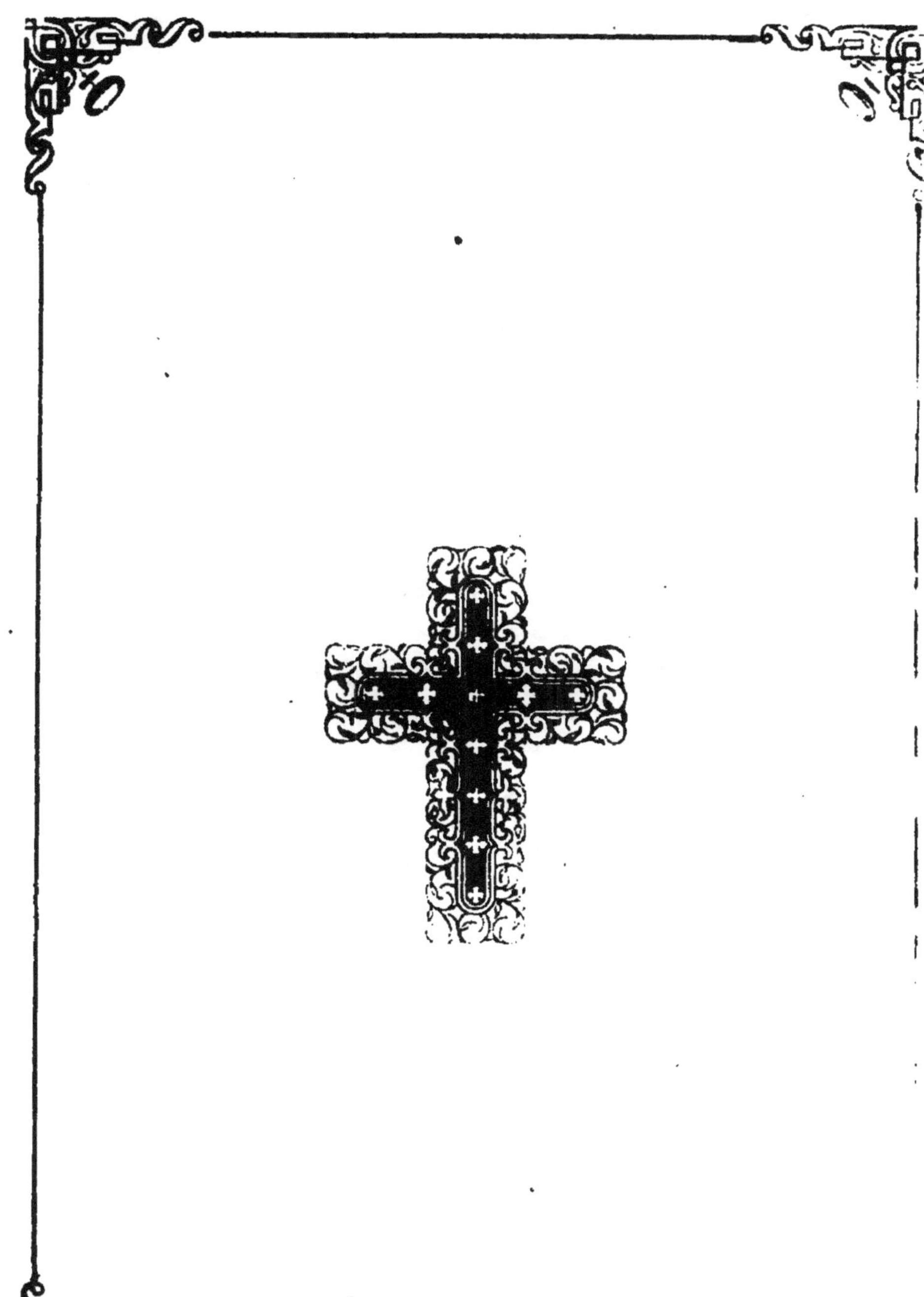

Nimes, impr. Roger et Laporte, place Saint-Paul . 5

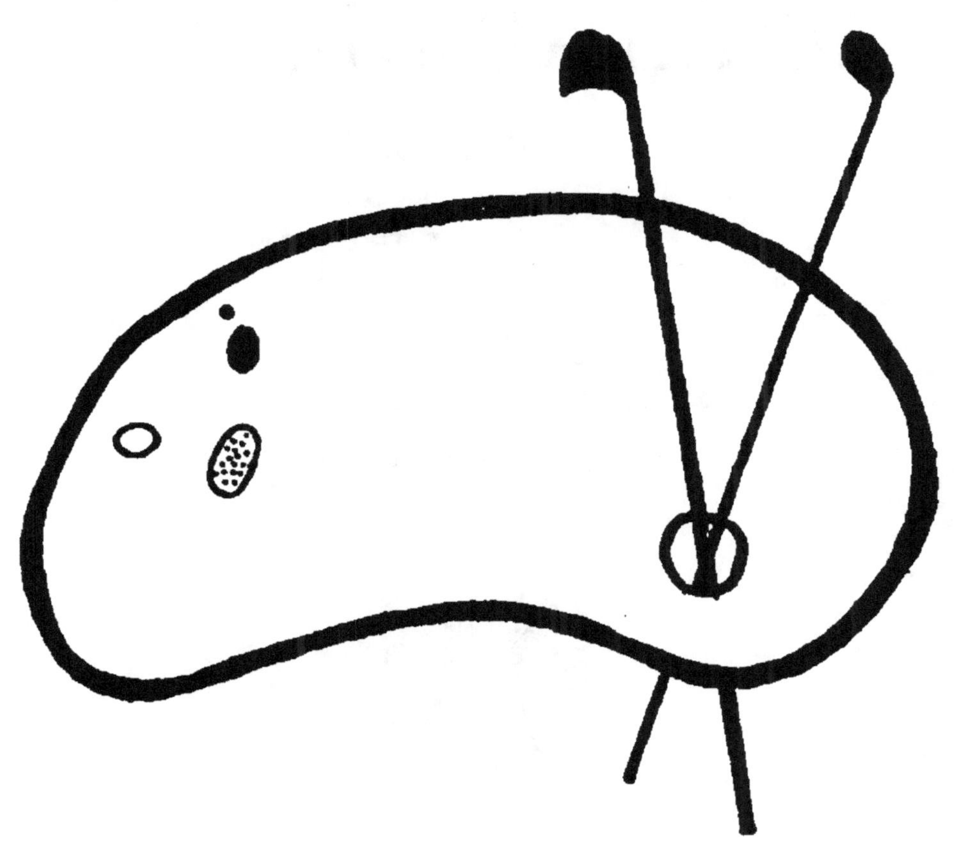

FIN D'UNE SERIE DE DOCUMENTS
EN COULEUR

NOTICE

SUR LA

MÈRE ADMIRABLE

DE BOUQUET

C'est thésauriser que d'honorer sa mère.
(Eccl. 3. 5.)

—

Prix : 10 centimes

Se vend au profit de l'œuvre

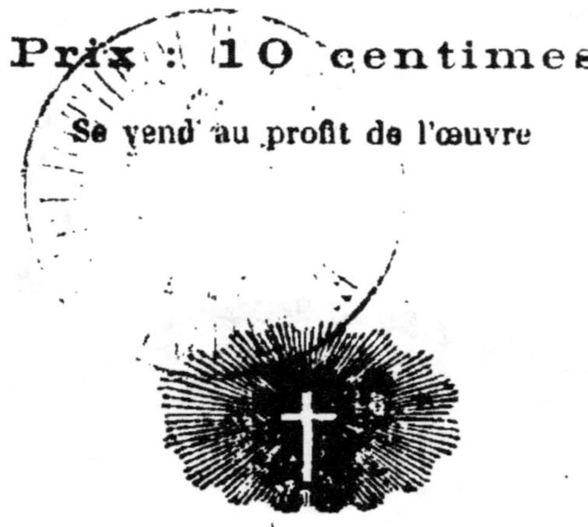

DÉPOT A PARIS

CHEZ DOUNIOL, RUE DE TOURNON, 29.

—

1864

Imprimatur :

Nemausi, die 2ᵘ Feb. 1864.

† HENRICUS,

Episcopus Nemausensis.

———

Nous sommes autorisés à annoncer un livre qui paraîtra sous peu et qui est destiné à faire connaître complétement la dévotion à *Mater admirabilis.* Il aura pour titre : *Mater admirabilis* ou *Les quinze premières années de Marie Immaculée*, par M. l'abbé Monnin, auteur de la *Vie du Curé d'Ars.* Douniol, rue de Tournon, 29, Paris.

Nimes, imp. Roger et Laporte, place Saint-Paul, 5.

NOTICE

SUR LA

MÈRE ADMIRABLE

DE BOUQUET

Des Litanies de la Très-Sainte Vierge en général et de l'invocation Mère admirable en particulier.

Entre toutes les prières de l'Eglise, il en est qui reçoivent spécialement le nom de *Prières* ou *Litanies*. Les premiers chrétiens avaient coutume d'invoquer les saints illustres dont ils se regardaient comme les enfants. Nous savons, par l'histoire, qu'ils attachaient à cette pratique une haute importance. Dans les Catacombes, à l'époque des persécutions, les Pontifes romains célébraient le mystère de l'Eucharistie sur les corps des martys. Nous retrouvons les noms des saints insérés peu à peu, selon l'époque de leur mort, dans les prières de la messe. Les inscriptions chrétiennes nous montrent plus d'un pèlerin s'estimant heureux de faire le voyage de Rome pour graver une invocation pieuse sur le

tombeau d'un martyr, dont le nom lui était particu-
lièrement cher. Ces divers actes ont préludé à la
formation définitive des *Litanies des Saints ;* ils
suffiraient à nous faire entendre l'importance que
l'Eglise attache à ce genre de prières, si l'Eglise elle-
même ne prenait soin de nous la révéler, en faisant
intervenir les Litanies des Saints dans ses plus augustes
cérémonies.

Quoi de plus naturel que de réunir sous une forme
semblable les appellations données par l'Eglise à la
reine de tous les Saints ! C'était former à Marie une
couronne composée des plus belles fleurs de la littérature des Pères et de la littérature des peuples. C'était
aussi consacrer en une formule synthétique les divers
priviléges que la foi de tous les âges avait constatés
en la Très-Sainte Vierge.

Les Pères et les peuples chrétiens ont toujours fait
reposer sur un fondement sérieux, les appellations
données à Marie. Les saintes Lettres leur ont fourni
le moyen de trouver les vocables sous lesquels ils
croyaient pouvoir l'honorer. Lorsqu'ils l'ont appelée
Mère du Christ, *Mère de Dieu*, l'Evangile leur
a prêté ces dénominations. Lorsqu'ils lui ont donné des
surnoms qu'on pourrait appeler symboliques, *Etoile
du matin*, *Arche d'alliance*, ils ont constaté qu'ils
étaient en présence d'une réalité bénie, dont l'Ancien-
Testament conservait, sous des figures, l'espérance
prophétique.

Le Verbe de Dieu s'est appelé l'*Admirable* au moment où il manifestait à Isaïe sa future apparition dans
la chair. Lorsque Marie recevait le nom de Mère du
Christ, c'est comme si on l'eût nommée la Mère de
l'Admirable. Mais une telle dénomination n'eût été
qu'un pléonasme, après toutes celles que Marie avait
déjà reçues. Ne pouvait-on pas profiter du nom que
le Fils s'était donné à lui-même, l'appliquer à sa Mère,
et former ainsi l'invocation : *Mère admirable ?* La

réunion de ces deux mots, que nous trouvons dans la tradition chrétienne la plus reculée, ajoutait à la noblesse de son origine, une étendue de signification qui n'échappera à personne. Dire d'une manière absolue que Marie est Mère, c'est-à-dire qu'elle est Mère de Jésus et Mère des Chrétiens, les frères de Jésus, à qui Jésus l'a donnée pour Mère. Dire que cette Mère est admirable, c'est constater à l'aide d'un adjectif dont la signification est indéfinie dans le sens de la louange, les priviléges augustes dont la maternité divine est en Marie le principe, et les miséricordes innombrables dont le titre de Mère des Hommes a été la source.

Origine d'une fresque à laquelle on a appliqué la dénomination de Mère admirable. — *Premiers miracles.*

Mater admirabilis est le titre donné à une pieuse composition exécutée en 1844, à fresque et en forme d'essai, sur la muraille d'un vaste corridor du couvent de la Trinité-du-Mont, à Rome.

Cette humble image peinte dans le silence des cloîtres, n'était destinée, dans le principe, qu'à satisfaire la piété des religieuses du Sacré-Cœur qui désireraient avoir devant les yeux, pendant leurs heures de travail manuel, le modèle par excellence, la Trés-Sainte Vierge travaillant comme l'une d'elles.

Ce détail explique pourquoi on a représenté Marie, à l'âge de treize ans, occupée à filer dans les parvis du Temple : à ses côtés, sa corbeille à ouvrage et son livre entr'ouvert indiquent les laborieuses et studieuses occupations de cette aimable et immaculée adolescente. Tout recueille, repose et charme près de la fleur des champs, près du lis de la vallée. (Cant. v. i.)

Aujourd'hui, le solitaire corridor est une chapelle

visitée par tous les pélerins de la ville éternelle et ses parois sont couvertes d'ex voto. La très-humble *Madonnina del Giglio della Trinità* est proclamée par la piété publique *Mater admirabilis*, et sa modeste image répandue par milliers, porte à toute la chrétienté quelques parfums du suave recueillement que l'on respire devant la fresque originale.

A ceux qui s'étonneraient que la piété romaine ait donné le nom de *Mère admirable* à Marie adolescente, nous rappellerons la prière que Bossuet adressait à Jésus-Christ, dans son premier sermon sur la *Conception de la Sainte Vierge* : « Bénit enfant, lui dis-je, détournez ce malheur (l'horrible péché dont Marie va être infectée, la tache originelle) par votre bonté. Commencez à honorer votre Mère ; faites qu'il lui profite d'avoir un Fils qui est devant elle : car enfin, à bien prendre les choses, elle est déjà votre Mère, et déjà vous êtes son Fils. » Marie adolescente est donc déjà Mère, le Fils de Dieu est déjà son Fils. « C'est, continue ce grand évêque, non point, en effet, non selon la révolution des choses humaines, mais selon l'ordre de Dieu, selon sa prédestination éternelle. » Bossuet confirme cette doctrine par la manière de parler ordinaire de l'Ecriture et par une doctrine excellente des Pères, merveilleusement expliquée par Tertullien : « Selon ces mêmes desseins de Dieu, selon les règles de la Providence, selon les lois de cette éternité immuable à laquelle rien n'est nouveau, qui enferme dans son unité toutes les différences des temps, Marie était Mère de Dieu dès le premier instant auquel elle fut animée. » Marie était Mère des hommes, pouvons-nous ajouter en toute vérité, car elle l'a été tout aussitôt qu'elle a été Mère de Jésus.

Des médailles de toutes grandeurs sont frappées à l'effigie de *Mater admirabilis* : elle est aussi reproduite en grande gravure, en vitraux, en chromo-lithographie.

S. S. Pie IX a daigné recevoir la première médaille d'or.

Mais comment celle qui semble si bien exprimer ce passage du Cantique des Cantiques : *Ego flos campi et lilium convallium* est-elle devenue si célèbre.... Le 20 octobre 1846, Sa Sainteté visitant la Trinité-du-Mont, daigna prier devant la Modeste madone qui présidait les réunions de la communauté. C'EST UNE DÉVOTE PENSÉE, dit Sa Sainteté, D'AVOIR REPRÉSENTÉ LA TRÈS-SAINTE-VIERGE A UN AGE OU ELLE SEMBLAIT ÊTRE OUBLIÉE.

Toute la bénédiction attachée à la fresque de *Mater admirabilis* est renfermée dans ces paroles, et Marie a prouvé par des faveurs sans nombre, qu'elle agréait la *dévote pensée* qui a voulu la faire honorer pendant les années qui ont précédé le mystère de l'Incarnation; années remplies de mérites, que l'œil de Dieu seul connaît, et qui restaient comme un trésor fermé pour les âmes mêmes les plus méditatives. Ainsi, la dévotion aux quinze premières années de la vie de la Sainte Vierge, telle est la dévotion à *Mater admirabilis*.

Dès 1846, des grâces toutes particulières vinrent révéler l'amour de Marie pour sa modeste image, et le signal de ces grâces, ce fut la bénédiction du Pape. M. l'abbé Blanpin, missionnaire à Bourbon, recouvra aux pieds de la Madone la voix que depuis 21 mois il avait perdue à la suite de ses fatigues apostoliques : infirmité qui avait motivé son rappel en Europe, et qui n'avait cédé devant aucune médication. Dans l'élan de sa reconnaissance, il demanda au Saint-Père la faveur d'offrir l'auguste victime devant l'image de sa bienfaitrice. Ce fut la première messe dite en ce lieu, qui devint dès lors une véritable chapelle.

De 1846 à 1849, des guérisons de corps et d'âmes attirèrent de nombreux visiteurs, et, la sainte *Fileuse* du Temple de Jérusalem semblait se complaire dans ce concours de fidèles qui venaient troubler sa solitude, sans paraître la distraire de sa contemplation devant le lis virginal qui s'incline vers elle.

1..

En 1849, nos troupes françaises n'ayant plus à Rome que le doux loisir d'une paix glorieuse, frappèrent à la porte de tous les monastères de la ville éternelle. Un grand nombre de soldats vinrent demander aux religieuses françaises de la Trinité-du-Mont, quelques remèdes pour guérir leurs blessures ou la fièvre causée par la *malaria; Mater admirabilis* voulut à son tour leur faire don des remèdes qui guérissent les âmes ; ils allaient par bandes visiter la chère Madone, et en descendant, la plupart disaient aux sœurs portières : Cette Sainte Vierge nous attire ; elle nous purifie en la regardant. Vite, ma sœur, procurez-nous un curé pour nous confesser ; il faut en finir ! Cette sainte Vierge nous donne l'horreur de la vie désordonnée que nous menons.

Oui, *Mater admirabilis* convertit à *l'ordre et à la pureté*, et c'est la grâce particulière que toute âme, en rapport avec elle, reçoit presque instantanément. Elle inspire aussi d'énergiques desseins : qne de vocations religieuses se sont décidées à ses pieds! que de protestants sont rentrés dans la voie de l'unité catholique, et enfin que d'âmes vouées à la perfection ont senti en la regardant l'appel à un détachement plus parfait du créé, pour chercher Dieu dans des régions supérieures !

Diffusion du culte de la Mère admirable par les décrets de Pie IX.

De nombreux décrets du Saint-Père sont venus successivement confirmer et accroître la dévotion à *Mater admirabilis*.

En 1849, un premier décret permettait de célébrer la fête de la Mère admirable le 20 octobre, anniversaire de la première visite de Sa Sainteté Pie IX à la pieuse Madone. Ce décret enrichit aussi de nombreuses indulgences le petit sanctuaire, qui devint, à partir de cette époque, une chapelle, où Leurs Eminences les Cardinaux, Nosseigneurs les Evèques et de pieux Missionnaires venus de toutes les parties du monde, aiment à offrir le saint sacrifice.

En 1854, un rescrit confirmait l'indulgence *toties quoties*, accordée de vive voix par Sa Sainteté Pie IX. *Trois cents jours à tous les fidèles qui réciteront trois Ave Maria avec trois fois l'invocation*: MATER ADMIRABILIS, *ora pro nobis, devant l'image de la susdite chapelle.*

Enfin, en 1855, Sa Sainteté daigna mettre le sceau à ses faveurs pour *Mater admirabilis*, en étendant à toute la Société du Sacré-Cœur *les indulgences accordées par le siége apostolique à la chapelle de la Vierge Immaculée, érigée sous le titre de Mater admirabilis*, avec la seule obligation de donner *ce titre* à une statue ou à une image de la Très-Sainte Vierge, si l'on ne pouvait avoir une copie du tableau original. Ce bref, donné à Saint-Pierre de Rome, sous l'anneau du pêcheur, le 17 mars 1855, a contribué puissamment à l'extension du culte rendu à Rome à *Mater admirabilis*.

Des diocèses entiers en Amérique, et de nombreuses chapelles ont désiré avoir part aux mêmes indulgences; et en 1862 on a daigné nous assurer à la Sacrée-Congrégation des Indulgences, que toutes les requêtes de ce genre faites *directement* à ladite Congrégation seraient agréées.

Érection de la succursale de Brouzet-lès-Alais.
Canon.

Brouzet est un petit village de l'arrondissement d'Alais, situé au pied de la haute montagne de Bouquet, et traversé par le chemin vicinal de grande communication de Sommières à Barjac. La population est divisée en deux groupes parfaitement distincts et depuis longtemps en rivalité : les catholiques et les protestants. C'est le triste sort de beaucoup de villes et de villages du département du Gard. Sans nous occuper de savoir pour quels motifs (ceci n'est pas un écrit polémique) nous constaterons simplement que la Révolution de Février fut, pour les catholiques de Brouzet, comme pour ceux de Nîmes et d'un grand nombre d'autres centres de population, l'époque d'un renouvellement que réclamaient depuis de longues années leurs aspirations les plus légitimes. On s'unit, on se grouppa ; on comprit l'avantage qu'il y avait à se presser avec ensemble autour des urnes électorales ; on triompha enfin, et Brouzet vit un jour son conseil municipal tout catholique. L'église tombait en ruines, tandis qu'un temple protestant venait d'être créé pendant le dernier règne. La première pensée de la nouvelle administration fut d'appliquer les ressources considérables des coupes de bois annuelles à la construction d'une église. Un emplacement fort bien choisi fut donné par l'un des notables du pays, ancien officier de l'empire : tous les habitants concoururent par des sacrifices analogues, et grâce au zèle intelligent de M. le curé de Navacelles, et à l'ardeur des paroissiens de son annexe, l'église s'éleva, comme un monument de la rénovation merveilleuse que les catholiques de Brouzet venaient de subir. Ils songèrent alors à avoir un curé résidant au milieu d'eux. Mgr Cart, de douce mémoire, fut si touché des sacrifices que ces pauvres fidèles étaient résolus à s'imposer, qu'il leur donna un chapelain, chargé de l'administration de la nouvelle communauté catholique. Les ressources de la commune ne pouvaient être appliquées à un traitement dont le titulaire n'était pas reconnu par le gouvernement ; mais les catholiques se chargèrent de fournir eux-mêmes à tout ce qui lui serait nécessaire, et grâce à un dévouement réciproque, Brouzet jouit ainsi pendant de longues années de la présence d'un prêtre spécialement affecté aux besoins spirituels de ses enfants. Mgr Cart avait demandé l'érection de la succursale : Mgr Plantier reprit la chose en sous-œuvre, et finit par l'obtenir en 1863.

La fête de l'inauguration d'une succursale n'a pas partout la même importance qu'elle eût à Brouzet. Aussi le plus souvent cette cérémonie passe-t-elle inaperçue. A Brouzet il ne pouvait en être de même. Il convenait que la population catholique se réunit un jour en présence des autorités de l'arrondissement et des populations catholiques voisines, dont le zèle et l'activité l'avaient aidée à soutenir ses longues épreuves. M. le curé de Brouzet le comprit, et la fête eut lieu le dimanche 12 juillet 1863.

Je regrette d'avoir à signaler dabord dans cette fête, dont le souvenir sera ineffaçable dans l'esprit de ces populations, un fait auquel je ne suis pas étranger. Il doit nécessairement trouver place dans cette notice à cause du rapport qu'il a avec le projet dont elle traite. On m'oubliera pour ne voir que ce qui intéresse la gloire de la Très-Sainte Vierge. A la messe solennelle, M. le curé de Brouzet me chargea de rappeler à ses ouailles le sens de la cérémonie qui nous réunissait. Je ne crus pouvoir mieux faire que de porter leurs souvenirs sur les faits qui avaient précédé. Je dis comment une paroisse se forme, je rappelai la manière dont la paroisse de Brouzet s'était formée, et je terminai en indiquant comment une paroisse se conserve. Etait-il possible d'oublier la Très-Sainte Vierge en une semblable occasion ? Les apôtres ne manquent pas de nous signaler dans les *Actes*, lors de leur première réunion, sa présence au milieu d'eux. Je proposai donc Marie à cette chère population, comme une protectrice toute puissante, et comme le meilleur lien paroissial qu'elle put se donner. Je me souvins

alors de la grande église de Lyon et de l'un des péle-
rinages les plus fameux de notre France, fondé dans
cette seconde ville de l'empire, comme un monument
de sa Foi, et peut-être comme une récompense du
sang de ses martyrs. Je me demandai s'il existait un
symbole plus parfait de notre unité nationale que cette
couronne de statues de la Très-Sainte Vierge, élevées
sur les hauteurs, ainsi qu'autant de signaux chargés
de rappeler Marie à la France et la France à Marie.
Notre-Dame-de-Boulogne-sur-Mer, Notre-Dame-de-
Fourvières, Notre-Dame-de-France, Notre-Dame-des-
Doms, Notre-Dame-de-la-Garde, se présentèrent aussitôt
mon esprit, et je pensai que ce ne serait pas médio-
crement récompenser la foi des catholiques de Brouzet, que de faire de leur montagne, centre de leurs
richesses, et objet de leur prédilection, le lieu d'un
pélerinage à la Très-Sainte Vierge, invoquée sous le
titre de *Mère admirable*. Par sa position même une
statue élevée au sommet de la montagne de Bouquet
semblerait relier Notre-Dame-des-Doms à Notre-
Dame-de-France. Ne pourrait-on pas un jour réaliser cette idée? La population de Brouzet le crut,
et lorsqu'en descendant de chaire, je lis dans ce but
un appel à sa générosité, elle y répondit d'une manière qui tenait du prodige. Quelques heures après la
Très-Sainte Vierge nous manifestait elle-même que
la réalisation d'un tel projet lui serait agréable, en
préservant d'un danger effrayant, les enfants qui
l'avaient choisie pour mère et pour protectrice, et
sur la montagne desquels elle manifestait le désir
d'habiter visiblement.

Je raconte simplement le fait. Un canon est pour les
habitants d'un village une de ces merveilles qui, trans-
portées chez eux, leur font croire, pendant quelques
instants, que la ville voisine a changé de place et qu'ils
sont devenus citadins. M. le curé de Brouzet se procura
un canon, et le confia, ainsi que la poudre, à un de s e

paroissiens d'une prudence reconnue. Le canon fut placé en face de l'église, et chacun de ses coups réunissait les villageois heureux d'entendre cette grande voix célébrer leur triomphe, car cette fête en était un pour eux.

On vient de signaler au loin, sur la route d'Alais, la voiture de M. le sous-préfet. Les conseillers municipaux, la musique, les habitants en grand nombre, se préparent à aller recevoir le premier magistrat de l'arrondissement. Deux à trois cents personnes sont groupées à l'entour du canon qui est déjà chargé et dont on attend les salves joyeuses. Toutefois, par excès de zèle et d'enthousiasme, un artilleur téméraire, qui était survenu, avait bourré la pièce avec tout ce qui lui était tombé sous la main, du buis vert, des mottes de gazon. On voulait qu'elle résonnât davantage, ainsi qu'on le disait. On met le feu. Un bruit sourd se fait entendre : une petite charrette est jetée dans un trou par un éclat et subit en même temps de graves avaries ; un mur de soutènement est découronné à 25 pas : le canon vole en morceaux ; le sol est déchiré, et personne n'a aucun mal, pas la moindre égratignure ! On crie au miracle : c'est prodigieux ; c'est la *Mère admirable* qui nous a sauvés ! Nous ne dirons pas autrement que ces chers catholiques. Oui, c'est la *Mère admirable* qui les a sauvés ! Ce fait cesse d'être étonnant lorsqu'on l'explique par la protection de Marie. C'est le sens du peuple qui l'a ainsi entendu. Il est impossible de l'entendre autrement. Quelle voie ont suivi les fragments terribles, afin d'éviter le peuple groupé en foule, et d'aller produire, en passant à travers ses rangs compactes, les dégâts qu'ils ont causés ? C'est la voie que Marie leur avait tracée. Elle n'a pas voulu attrister ses enfants au jour où ils venaient de la prendre pour mère. Qu'elle en soit bénie à jamais ! Le pèlerinage de Bouquet n'était qu'une espérance, qu'une idée jetée comme une aspiration ardente, il est vrai, mais à laquelle nous osions à peine croire : Marie a cependant voulu manifester sa puissance et sa protection d'une manière sensible. Que ne fera-t-elle pas lorsqu'un monument attestera le dévouement de ce bon peuple ? Nous voyons déjà se former tout une chaîne des bienfaits les plus signalés ; Marie en a posé elle-même le premier anneau.

But que l'on se propose.

Au sommet le plus élevé de la montagne de Bouquet, se trouve une petite tour carrée que l'on app. lle communément le *Guidon*, et qui avait été construite pour aider les ingénieurs géographes dans le tracé de la carte de France. C'est dire que ce point est fort élevé. Situé au centre du département, le *Guidon* s'aperçoit des extrémités les plus éloignées des arrondissements de Nimes, d'Alais, d'Uzès et du Vigan. De là aussi la vue s'étend sur une bonne partie des départements de Vaucluse, de l'Ardèche, de la Lozère, de l'Hérault, des Bouches-du-Rhône et de la Drôme. Une telle position ne semble-t-elle pas faite exprès pour recevoir une statue de la Très-Sainte-Vierge, la Reine de la France? L'emplacement est marqué : le *Guidon* peut porter une statue de la Mère admirable et l'intérieur peut très-facilement se convertir en chapelle. Nous ne doutons pas qu'on ne vienne à notre aide pour la réalisation de ce projet. La jeunesse chrétienne de nos colléges et de nos pensionnats, les élèves du *Sacré-Cœur* surtout, qui ont depuis longtemps appris à la connaître, voudront contribuer par leurs aumônes à l'exaltation de la Très-Sainte Adolescente, dont la quenouille élevée au sommet du *Guidon* devra porter tout âme à l'amour du travail. On concourra par là à donner à notre montagne la *fleur des champs et le lys des vallées*, et cette fleur portera des fruits abondants. Elle portera Jésus, celui que nous appelons excellement le fruit de vos entrailles, ô notre Mère ! vous le porterez dans les cœurs de cette multitude de frères séparés, dont le moindre malheur n'est pas de vous refuser leurs hommages. Ce sera la première grâce que nous vous demanderons. Mais il est dit de la Sagesse, dans les saintes lettres, un mot que l'Eglise applique à Marie. « En la trouvant vous trouverez tous les biens. » Aussi, espérons-nous obtenir également de Marie la cessation d'un fléau temporel qui désole depuis dix ans les pays situés au pied de la montagne de Bouquet : la maladie des vers à soie. C'est notre population qui a elle-même formulé cette espérance. Elle croit trouver à côté de la grâce spirituelle, qui consistera à faire rentrer au vrai bercail des brebis depuis longtemps errantes, l'un des bienfaits de la *Rédemption terrestre* de Jésus-Christ. Enfin, il n'est pas douteux que la foi de nos populations catholiques ne soit fortement affermie par la présence d'une statue qui, avant de dire aux âges à venir la foi de notre époque, nous rappellera des grâces insignes, une protection manifeste, et les efforts que nous aurons faits pour étendre le culte de la Très-Sainte Vierge et propager son aimable dévotion.

Choix du vocable. — Nouveau témoignage de la prédilection de Notre-Saint-Père le Pape Pie IX.

Les bienfaits de Marie à l'égard de la population de Brouzet, les espérances que nous avons en lui érigeant la statue de Bouquet, nous ont conduit à choisir le vocable : *Mère admirable*. D'après ce que nous avons dit, ce vocable exprime l'idée la plus haute de la maternité divine et de la maternité humaine de Marie. Or, c'est à cette double maternité que nous recourons : c'est cette double maternité que Marie nous a manifestée. Elle nous a donné Jésus en ranimant la foi de nos populations par un signe où sa maternité humaine éclate sensiblement. Elle nous donnera Jésus en étendant son bras miséricordieux sur nos malheurs du temps, et sur les plaies des âmes placées autour de son trône nouveau.

C'est avec la bénédiction de Pie IX qu'ont commencé la série des merveilles opérées à Rome dans la chapelle de la *Mère admirable*. Nous avons dit combien la générosité de notre Père commun s'était dilatée en faveur de la dévotion à la Très-Sainte Vierge, invoquée sous ce titre. On me permettra de compléter ces renseignemeuts par un récit dont je connais d'une manière certaine les détails. En 1858, le Saint-Père donna un jour audience à une famille chrétienne, et sa dévotion à la Mère admirable trouva une occasion de se manifester dans toute sa délicatesse. C'était le moment où les inquiétudes du Saint-Père commençaient à oppresser cette âme dont on ne saurait trop faire connaître la grandeur, la force et la suavité. Lorsque M. et Mᵐᵉ N. quittèrent Pie IX, après avoir reçu sa bénédiction, Notre Saint-Père retint avec lui leur jeune enfant qui se préparait à faire sa première communion. Pie IX, sans doute, voulait se reposer pendant quelques instants des fatigues de la journée, lui qui connaît si bien le poids du jour et de la chaleur ! Il prit le petit enfant par la main et lui fit parcourir ses appartements privés.

Le petit enfant fut étonné de voir une chambre presque nue et un lit si mince et si étroit qu'il ne put s'empêcher de dire : « Mais Saint-Père, ce lit n'est pas plus grand que le mien, il doit être bien dur. « Eh bien ! . mon enfant, c'est le lit du Pape. Il est encore un peu moins dur que celui de notre Seigneur. » C'est vrai, Saint-Père, reprit l'enfant, on dit que Jésus n'avait pas où reposer sa tête. » L'enfant fit au Saint-Père force questions, qu'il est inutile de reproduire. « Le Saint-Père m'a tout montré, disait-il, mais il n'y a pas grand chose dans sa chambre. Il est allé à sa commode, il a ouvert un tiroir, et il en a tiré plusieurs méd. illes ;

il a mis son lorgnon, les a regardées et m'a dit : « Il n'y a pas celle que je veux vous donner » et rentrant dans son cabinet, il est allé à son prie-dieu et m'a donné la médaille que voici. » L'enfant montrait une médaille en argent de la *Mère admirable.* Après les bontés que le Saint-Père avait eues pour cet enfant, le choix qu'il fit d'une médaille ne saurait être sans signification. Le Pape avait choisi celle pour laquelle il avait une affection particulière. Puisse-t-il trouver dans le soin que nous mettons à entrer dans ses sentiments un témoignage de notre amour.

Encouragements. — Espérances.

Notre premier devoir a été de mettre Mgr l'évêque de Nimes au courant de ce que nous avions fait, de ce que nous nous proposions de faire. Monseigneur a a bien voulu nous acccorder son autorisation. On devait s'y attendre de la part d'un grand évêque dont l'un des premiers actes épiscopaux a été une lettre pastorale sur la *Définition du dogme l'Immaculée conception*, digne écho de la solennelle proclamation de ce privilége auguste de notre Mère par le vicaire de Jésus-Christ. Nous donnons le premier rang à un encouragement parti de si haut.

Depuis le jour où le projet a été divulgué, les populations n'ont cessé de nous demander sa réalisation. Les instances les plus vives nous ont été faites à cet égard : nous avons reçu les promesses les plus généreuses. On a même commencé à nous donner des gages certains de la part que l'on voulait prendre à notre œuvre. Une paroisse surtout, on nous permettra de la nommer parce qu'elle a été la première à qui nous avons communiqué notre idée, le jour de la fête de l'Assomption 1863, la paroisse de Rochebelle, a répondu à cet appel de la manière la plus encourageante.

Enfin , pour mentionner les choses dans l'ordre des temps, l'administration forestière du département, à qui nous nous sommes d'abord adressé, nous a déclaré, par l'organe de son premier représentant dans le Gard, qu'elle verrait volontiers le succès de notre œuvre, lorsque nous aurions obtenu les autres autorisations nécessaires, celle de l'administration municipale et celle de l'administration supérieure.

M. le curé de Brouzet a eu soin de recueillir lui-même, dans la campagne, les fragments du canon brisé. Ils seront déposés au pied d'un tableau de la *Mère admirable*, devant lequel on placera un autel, en conservant les dispositions qui existent à Rome dans la chapelle de la Trinité-du-Mont. Ce sera la première assise du pélerinage à la *Mère admirable* de Bouquet. On réunira, en attendant et peu à peu, les sommes destinées à réaliser l'œuvre, telle qu'elle a été conçue dans sa forme primitive. Tous les ans à Brouzet d'abord, puis à Bouquet, le jour anniversaire de la fête de l'érection de la succursale, une messe sera solennellement célébrée, dans la chapelle, aux intentions des fondateurs.

On devient fondateur par une aumône quelconque. Nous recevrons tout ce qu'on nous donnera. L'œuvre a commencé avec les gros sous des paroissiens de Brouzet et de Rochebelle : elle se développera par les mêmes moyens. Ceux qui voudront bien nous faire leurs aumônes peuvent adresser des billets de banque, des mandats sur la poste, des timbres-poste, à M. le curé de Brouzet-lès-Alais, canton de Vézénobres (Gard).

Nimes, 2 février 1864, fête de la Purification de la Très-Sainte Vierge.

Alfred GILLY,
Directeur au Grand-Séminaire de Nimes.

A. M. D. G. Mq. A. L.

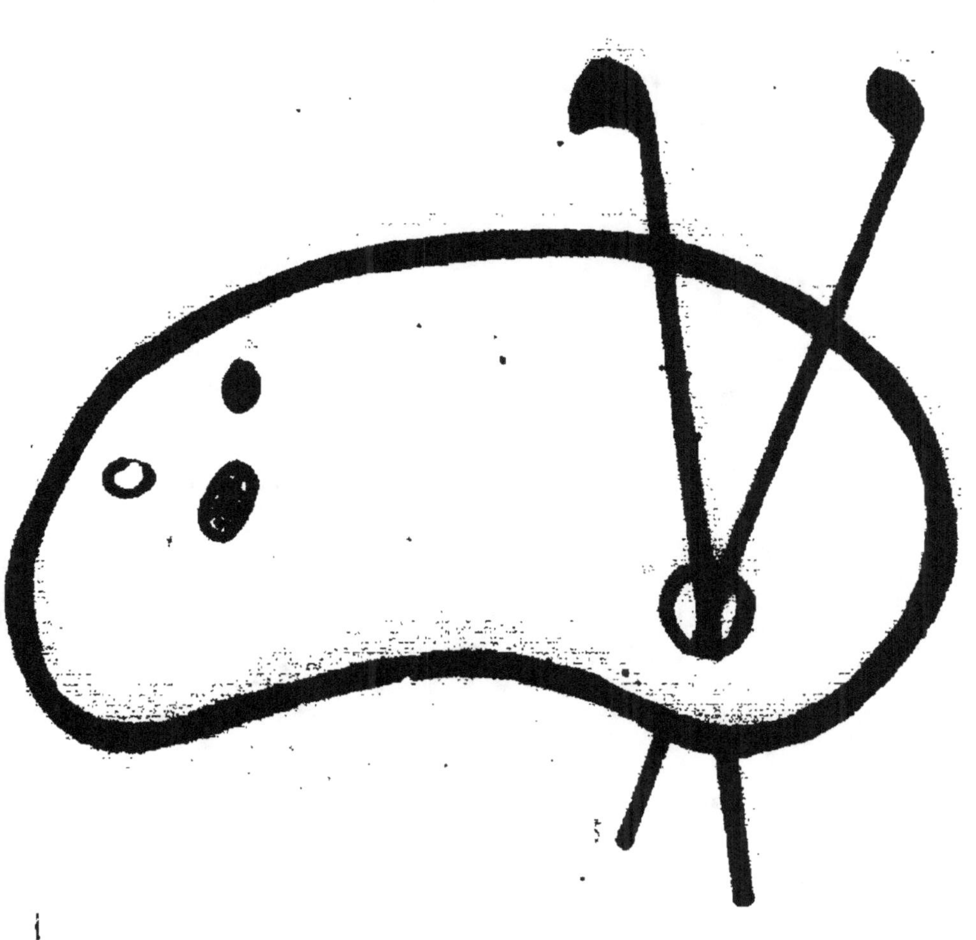